**Paintings by Ken Marschall**
Front Cover, 3, 12-13, 16-17, 19, 21, 22-23, 40-41, 43 (Top), 46, 48

4: Emory Kristof © *National Geographic* Society  6: Emory Kristof © *National Geographic* Society, (Inset) Woods Hole Oceanographic Institution  8: The Father Browne S.J. Collection, (Inset) Don Lynch Collection  11: National Maritime Museum/Ken Marschall Collection  12: (Left and right insets) Ken Marschall Collection  13: (Left inset) Ken Marschall Collection, (Right inset) Private Collection  14: Ken Marschall Collection  24-25: *The Illustrated London News*  27: Brown Brothers  28: Private Collection  29: *The Illustrated London News*  30: Photo by Dann Blackwood/Woods Hole Oceanographic Institution  33: (Top left) Woods Hole Oceanographic Institution, (Top right) Ken Marschall Collection, (Bottom) Emory Kristof © *National Geographic* Society  35: Emory Kristof © *National Geographic* Society  37: (Top left and right) Perry Thorsvik © *National Geographic* Society (Bottom) Photo by Martin Bowen  39: Woods Hole Oceanographic Institution  43: (Bottom left) Joseph Carvalho Collection, (Bottom right) Woods Hole Oceanographic Institution  44: All photos by Robert Ballard and Martin Bowen/Woods Hole Oceanographic Institution  45: Photo by Robert Ballard and Martin Bowen/Woods Hole Oceanographic Institution

Originally published as: *Finding the Titanic*

No part of this publication may be reproduced in whole or in part, or stored in a retrieval system, or transmitted in any form or by any means, electronic, mechanical, photocopying, recording, or otherwise, without written permission of the publisher. For information regarding permission, write to Scholastic Inc., 557 Broadway, New York, NY 10012.

Copyright © 1993 by Madison Press Limited.
Translated by Mónica Amor.
Spanish translation copyright © 1996 by Scholastic Inc.
All rights reserved. Published by Scholastic Inc.
Printed in the U.S.A.
ISBN 0-590-92630-6

10 11 12 13 14 15        23        04 05 06

# EN BUSCA DEL TITANIC

**Escrito por Robert D. Ballard**
con Nan Froman
**Pinturas de Ken Marschall**

SCHOLASTIC INC.
New York   Toronto   London   Auckland   Sydney
Mexico City   New Delhi   Hong Kong   Buenos Aires

### CAPÍTULO UNO
# 25 de agosto de 1985

Me dirigí al centro de control de nuestro barco. —¿Han visto algo? —pregunté a mis compañeros. Miré la pantalla del monitor de video. No se veía nada.

Buscábamos el *Titanic* —el más famoso de los barcos hundidos. El *Titanic* fue el barco más grande del mundo en su época. Tenía salones amplios. Parecía un palacio flotante. Algunas personas incluso decían que el barco no se hundiría jamás.

Pero en su primer viaje, en abril de 1912, el *Titanic* chocó con un témpano de hielo y se hundió. Llevaba a bordo más de dos mil personas. Muchas de ellas murieron cuando el barco naufragó.

Observo el descenso de *Argo*, nuestra cámara de video submarina.

Desde el centro de control, veo lo que ve *Argo*.

Desde que era niño, soñaba con encontrar el *Titanic*. Nadie lo había visto desde hacía setenta y cinco años. Yacía a dos millas y media bajo la superficie del océano Atlántico. Ningún buzo puede descender a tanta profundidad.

Construimos un trineo submarino, que llamamos *Argo*, para buscar el *Titanic*. Este trineo tomaba imágenes de video mientras lo arrastrábamos desde nuestro barco sobre el fondo del océano. Mirábamos estas imágenes en la pantalla del monitor de video.

Empezamos nuestra búsqueda en el lugar donde un barco de rescate había encontrado los botes salvavidas del *Titanic*. Durante días arrastramos a *Argo* por el fondo del mar. Sólo se veía fango en la pantalla. Me preguntaba si el barco estaría sepultado bajo un derrumbe submarino de fango.

Mantuve la mirada fija en la pantalla. Pero pensaba en la gente que había sobrevivido el naufragio. Ellos contaron historias inolvidables.

Ruth Becker

## CAPÍTULO DOS
# 10 de abril de 1912

—¡Es tan grande! —exclamó Ruth Becker, una niña de doce años. El enorme casco negro del Titanic reposaba en los muelles de Southampton, en Inglaterra.

La familia Becker vivía en la India. Pero cuando el hermano de Ruth se enfermó, la Sra. Becker decidió llevar a sus hijos de vuelta a Estados Unidos. De manera que la Sra. Becker, Ruth, Marion, de cuatro años de edad y Richard, de dos años, navegaron de la India a Inglaterra. Ahora abordarían el *Titanic* para hacer el viaje a Nueva York.

Ruth estaba impaciente por subirse al hermoso barco nuevo. Su nombre, TITANIC, aparecía escrito con orgullo en la proa, en letras amarillas. El *Titanic* era el barco más grande que existía. Tenía nueve cubiertas y era alto como un edificio de 11 pisos. Se podían caminar muchas millas a lo largo de sus cubiertas y corredores.

Los Becker abordaron el *Titanic*, y un camarero los ayudó a encontrar su camarote.

—¡Es igual a una habitación de hotel! —exclamó Ruth. Ruth decidió explorar el barco antes de que zarpara. Subió la escalera principal. Lámparas doradas colgaban del techo. La luz del sol brillaba a través de una gran cúpula de vidrio.

Ruth encontró los camarotes de los ricos pasajeros de primera clase. Una puerta estaba abierta. Se asomó a una de las habitaciones. Era más grande y más lujosa que todo su camarote.

Ruth se metió en el elevador cercano a la escalera principal y descendió hasta el área de la piscina y los baños de vapor.

Un camarote de segunda clase, como el que tenía Ruth.

Ruth oyó muchos idiomas diferentes. Los pasillos de las cubiertas inferiores del *Titanic* estaban abarrotados. Muchas familias cargaban enormes baúles y maletas. Éstos eran los pasajeros de tercera clase. La mayoría esperaba comenzar una nueva vida en América.

Sonó la sirena. Ruth regresó rápidamente a su camarote. Era el mediodía, hora de zarpar.

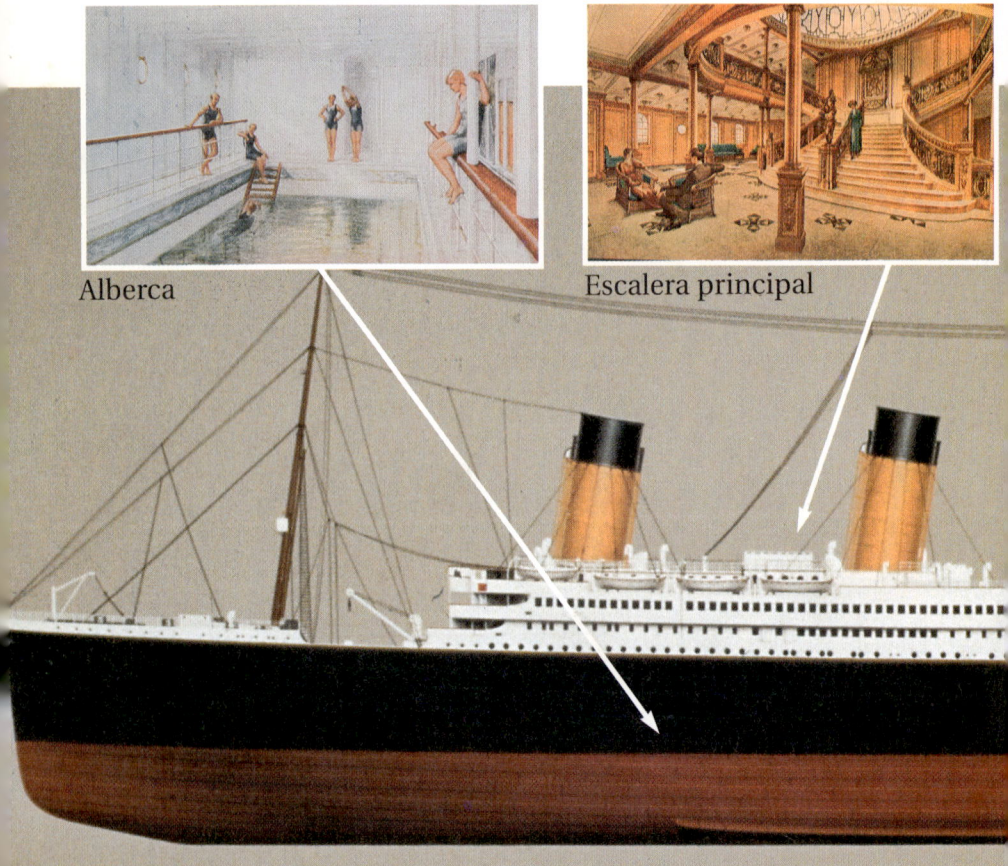

Alberca

Escalera principal

Ruth y su familia se dirigieron a la cubierta de los botes salvavidas.

Cientos de pasajeros saludaron mientras el *Titanic* se alejaba del muelle. Se despedían de sus amigos en la orilla. Había, incluso, pequeños botes esperando en el agua, llenos de personas que querían ver zarpar al barco más grande del mundo.

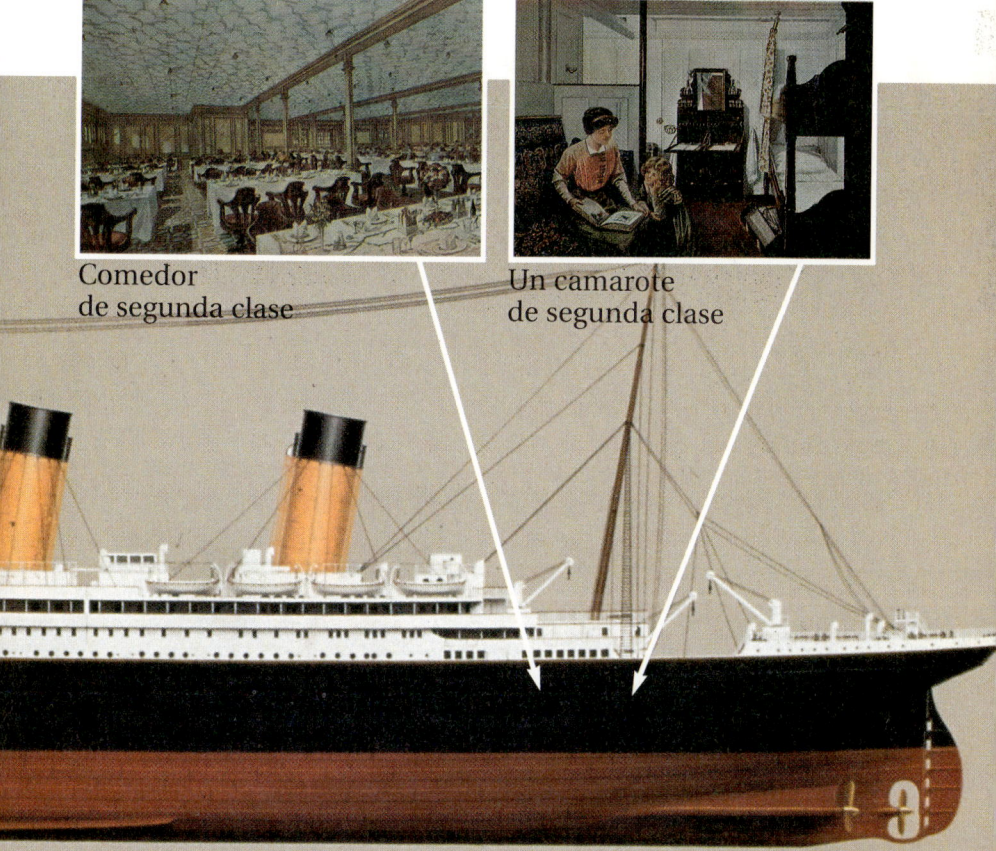

Comedor
de segunda clase

Un camarote
de segunda clase

Durante los primeros días del viaje, el clima estaba claro y el océano calmo. Los Becker comían en el comedor de segunda clase. Se sentaban a largas mesas con muchos pasajeros.

El domingo por la tarde el clima se puso muy frío. Ruth se sentó con su mamá y otros pasajeros en el salón.

—Hace buen tiempo —dijo un hombre—. Quizás lleguemos antes de lo previsto a Nueva York, si no encontramos hielo en el camino.

—Eso he oído —dijo la Sra. Becker.

—Sin embargo, me interesaría ver un témpano —continuó el hombre—. Me han dicho que son un espectáculo.

El *Titanic* en el muelle.

## CAPÍTULO TRES
# 15 de abril de 1912, 12:30 A.M.

—Ruth, Ruth, ¡despiértate!

*"¿Dónde estoy?"*, se preguntó Ruth. Se frotó los ojos. Entonces se dio cuenta. Estaba a bordo del *Titanic*. Pero, ¿por qué su mamá

parecía tan asustada?

—Sal de la cama y ponles los abrigos a los niños —continuó su mamá. ¡El barco chocó contra un témpano de hielo! Tenemos que ir a cubierta.

Ruth despertó por completo. Saltó de la cama y vistió rápidamente a Marion y a Richard. Los Becker salieron de su camarote. En el apuro se olvidaron de los cinturones salvavidas.

Un grupo de pasajeros esperaba que los llevaran a los botes salvavidas. La familia se les unió. Algunos pasajeros estaban completamente vestidos. Otros, como Ruth y su mamá, llevaban los abrigos sobre la ropa de dormir.

—Sonó como si el barco hubiera encallado en un lecho de grava —dijo una mujer.

Todo el mundo quería saber más acerca de lo que había pasado. ¿Era grande el hueco que le hizo el témpano? ¿Era grave el daño? ¿Estaba entrando agua al barco?

Un miembro de la tripulación llegó y condujo a los pasajeros a los botes salvavidas.

—¡Mujeres y niños primero! —gritó a la gente.

Alguien sentó a Marion y a Richard en el bote salvavidas Nº 11. —No más personas en este bote —dijo un oficial.

—¡Por favor, déjeme ir con mis niños! —pidió llorando la Sra. Becker.

Un marinero la ayudó a entrar en el bote. Mientras tanto, ¡Ruth quedó atrás!

—¡Ruth! —gritó su mamá—. ¡Métete en otro bote!

Ruth caminó hasta otro bote. —¿Puedo entrar? —preguntó a un oficial.

El oficial la colocó dentro del bote salvavidas Nº 13. Estaba tan lleno que Ruth tuvo que quedarse parada.

—¡Desamarren! —gritó el oficial. El bote cayó bruscamente al mar. Ruth miró a cientos de pasajeros todavía a bordo del *Titanic*. No habían suficientes botes salvavidas para todos ellos.

El bote de Ruth llegó a salvo al agua. Pero nadie sabía qué hacer o adónde ir. Los pasajeros a bordo pidieron que uno de los miembros de la tripulación asumiera el mando.

—Remen hacia esas luces en la distancia —ordenó el nuevo capitán—. Debe ser un barco que podría recogernos.

Ruth volvió a mirar al *Titanic*. La tripulación disparaba luces de Bengala desde el barco causando explosiones de estrellas en el cielo. Eran señales de emergencia pidiendo ayuda a cualquier embarcación cercana.

La proa del *Titanic* se estaba hundiendo. Ruth miró a los que todavía estaban a bordo. Trataban de ir hacia la popa del barco. Las luces del barco se apagaron. De pronto, se produjo un sonido fuerte como el de un trueno. El *Titanic* se partió. Ruth vio cómo la gente saltaba al agua.

La proa desapareció bajo del agua. Durante un momento la popa se elevó, perpendicular

al océano. Parecía una inmensa ballena. Después, el *Titanic* se sumergió bajo las olas.

### CAPÍTULO CUATRO
# 15 de abril de 1912, 3:00 A.M.

—Mañana, el mar estará cubierto de barcos —dijo un hombre de la tripulación en el bote de Ruth—. Vendrán de todas partes a buscarnos.

Los botes salvavidas del *Titanic* flotaban sobre el océano calmo y frío. Los

sobrevivientes trataban de mantener los botes juntos llamándose los unos a los otros en la oscuridad.

Ruth oyó un cohete. En la distancia descubrió una tenue luz verde. ¿Sería un barco de rescate? En el bote, todos los que tenían un pedazo de papel le prendieron fuego con un fósforo. Mantuvieron estas "antorchas" improvisadas en el aire. Quizás alguien las vería.

Los pasajeros a cargo de los remos guiaron el bote hacia las luces. Al acercarse, vieron que las luces venían de un barco grande.

El océano se volvió tempestuoso. Ruth estaba empapada de agua helada.

Finalmente, el bote salvavidas se colocó al lado del barco de rescate. Las manos de Ruth estaban demasiado entumecidas como para agarrar las cuerdas que lanzaban desde el barco. Alguien tuvo que amarrarla a un columpio. La tripulación la subió por un lado del barco. Ruth sintió la cubierta, reconfortante y sólida, bajo los pies.

Luego, se dirigió a la cubierta abierta del barco. La mayoría de los botes salvavidas había llegado, pero no había señales de su familia.

Entonces Ruth sintió una palmada en su hombro. —¿Tú eres Ruth Becker? —preguntó una mujer—. ¡Tu mamá te está buscando! La mujer condujo a Ruth al comedor de segunda clase.

La Sra. Becker, Marion y Richard abrazaron a Ruth. Sus ojos se llenaron de lágrimas de alivio.

Algunos pasajeros del *Titanic* se preparan para abordar el barco de rescate desde su bote salvavidas.

La tripulación del barco de rescate, el *Carpathia*, exploró el mar durante varias horas. Pero no pudieron encontrar más sobrevivientes.

Algunos días después, el *Carpathia* llegó al puerto de Nueva York. Miles de personas

esperaban bajo la lluvia para saludar a los sobrevivientes. Ruth oyó el llanto de gozo de las personas que encontraban a sus seres queridos. Pero muchos otros se veían tristes mientras buscaban a familiares y amigos que se habían ahogado.

Los sobrevivientes del *Titanic* llegan a Nueva York.

## CAPÍTULO CINCO
# 31 de agosto de 1995

Habían pasado casi setenta y cinco años desde que el Titanic se hundió. Mi tripulación y yo buscábamos los restos del naufragio. Cada día que pasaba aumentaban mis deseos de encontrar el barco perdido.

Ya se nos acababa el tiempo. No habíamos visto ni una sola señal de los restos del naufragio. A veces nos preguntábamos si el *Titanic* realmente yacía en el fondo del mar.

Una noche, ya tarde, Stu Harris señaló la pantalla del monitor de video y dijo: —Allí hay algo. La somnolienta tripulación miró la pantalla. Se podían ver imágenes de objetos hechos por el hombre.

Nuestro barco de búsqueda, el *Knorr*.

—¡Qué suerte! —gritó Stu. Las cámaras del *Argo* filmaron una enorme caldera en el fondo del océano. Las calderas quemaban carbón para hacer funcionar los motores de un barco. ¡Ésta tenía que pertenecer al *Titanic*!

Pronto vimos partes de un barandal y otros despojos. Por fin mi sueño estaba a punto de convertirse en realidad. El *Titanic* tenía que estar cerca. Nos dábamos la mano y nos palmeábamos la espalda.

Alguien notó que eran las 2 A.M., casi la misma hora en que se hundió el *Titanic*. Estábamos emocionados, pero también tristes. Guardamos unos momentos de silencio en memoria de aquellos que habían navegado tanto tiempo atrás en el gran barco.

La primera filmación del naufragio desde el *Argo* fue arriesgada. No estábamos seguros de dónde estaría la parte principal del barco. Yo tenía miedo de que el *Argo* chocara contra ella.

Una de las calderas del *Titanic* descansa en el fondo del océano.

Las enormes calderas antes de que las pusieran en el barco.

Celebro el descubrimiento del *Titanic* con mi tripulación.

De repente, apareció el inmenso costado del barco. ¡El *Titanic* descansaba parado sobre el fondo del océano!

Durante los próximos días, hicimos importantes descubrimientos. El barco se había partido en dos secciones. Vimos enormes huecos en la cubierta de la sección de proa donde habían estado las chimeneas.

Pero al final de nuestro viaje todavía quedaban muchos misterios sin resolver. ¿Qué aspecto tenía el barco por dentro? ¿Dónde estaba el hueco que había hecho el témpano? ¿Habría más objetos dispersos sobre el fondo del mar? Sólo otra visita al *Titanic* nos diría lo que queríamos saber.

Nuestra cámara submarina después de fotografiar el *Titanic* a una profundidad de más de 12,000 pies.

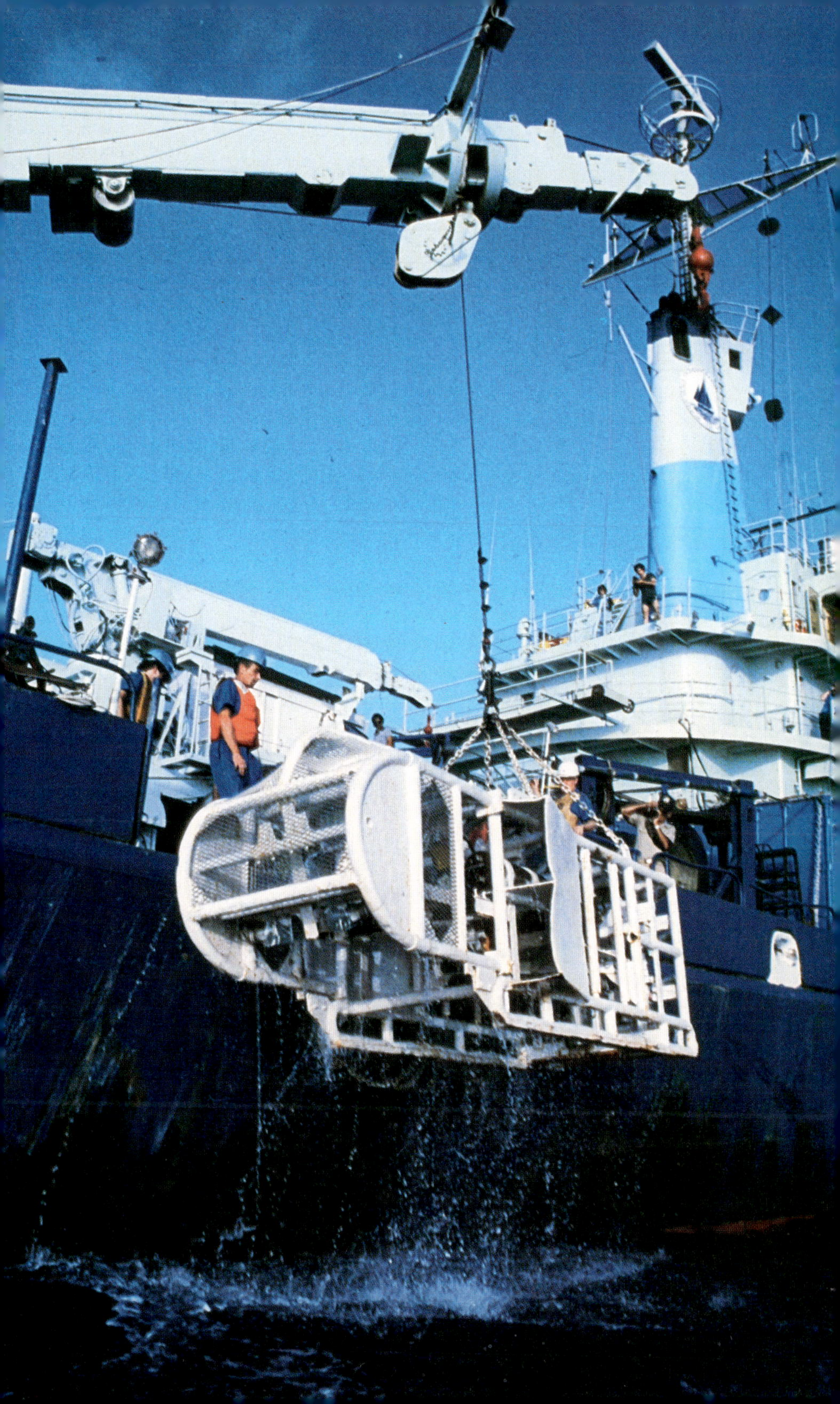

## CAPÍTULO SEIS
# 13 de julio de 1986

Un año después, estábamos listos para explorar el Titanic con Alvin, un submarino para tres hombres. Me quité los zapatos y entré.

Estábamos apretados dentro de la pequeña cabina. Pronto iniciamos nuestro largo descenso hacia el fondo del océano. Mientras descendíamos, el interior del submarino se enfriaba y oscurecía.

Cuando *Alvin* tocó fondo, miré por la ventana. ¿Dónde estaba el *Titanic*? Sólo podíamos ver cerca del submarino en la oscuridad del profundo océano.

El piloto hizo girar a *Alvin* y nos deslizamos sobre el fondo. Miré por la ventana. El fondo del océano se veía muy extraño.

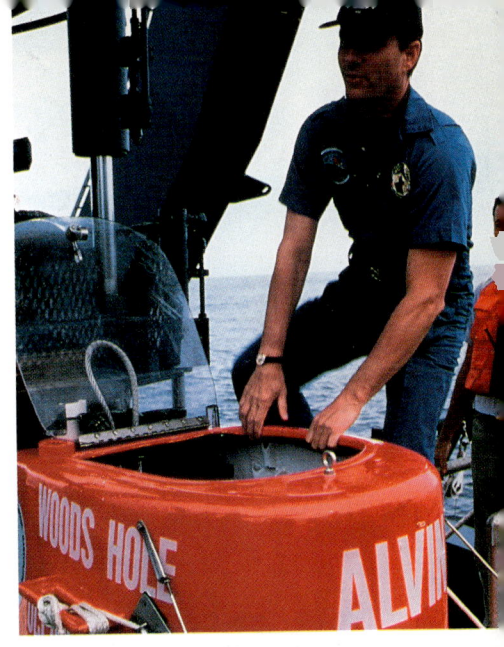

Me subo a nuestro pequeño submarino, *Alvin*.

Bajamos *Alvin* al agua.

Trabajamos dentro de *Alvin* mientras descendemos al fondo del océano.

Parecía inclinarse de repente hacia arriba. Mi corazón palpitaba rápidamente.

De pronto, una enorme pared negra de acero apareció frente a nosotros. ¡Era el *Titanic*!

Al día siguiente exploramos la proa del barco. La parte más baja de la proa estaba enterrada en el fango. Pero aún se podían ver las grandes anclas en su lugar.

Subimos lentamente por el costado del barco. Para mi sorpresa, el vidrio de muchas escotillas estaba intacto. Busqué las letras amarillas del nombre: TITANIC. Pero estaban cubiertas de herrumbre.

*Alvin* comenzó a moverse sobre la cubierta delantera del barco. Millones de diminutos gusanos marinos habían devorado las tablas de madera.

Pasamos por encima del puente de mando del barco. Desde allí, el capitán y sus oficiales habían guiado el *Titanic*.

La punta de la proa del *Titanic*.

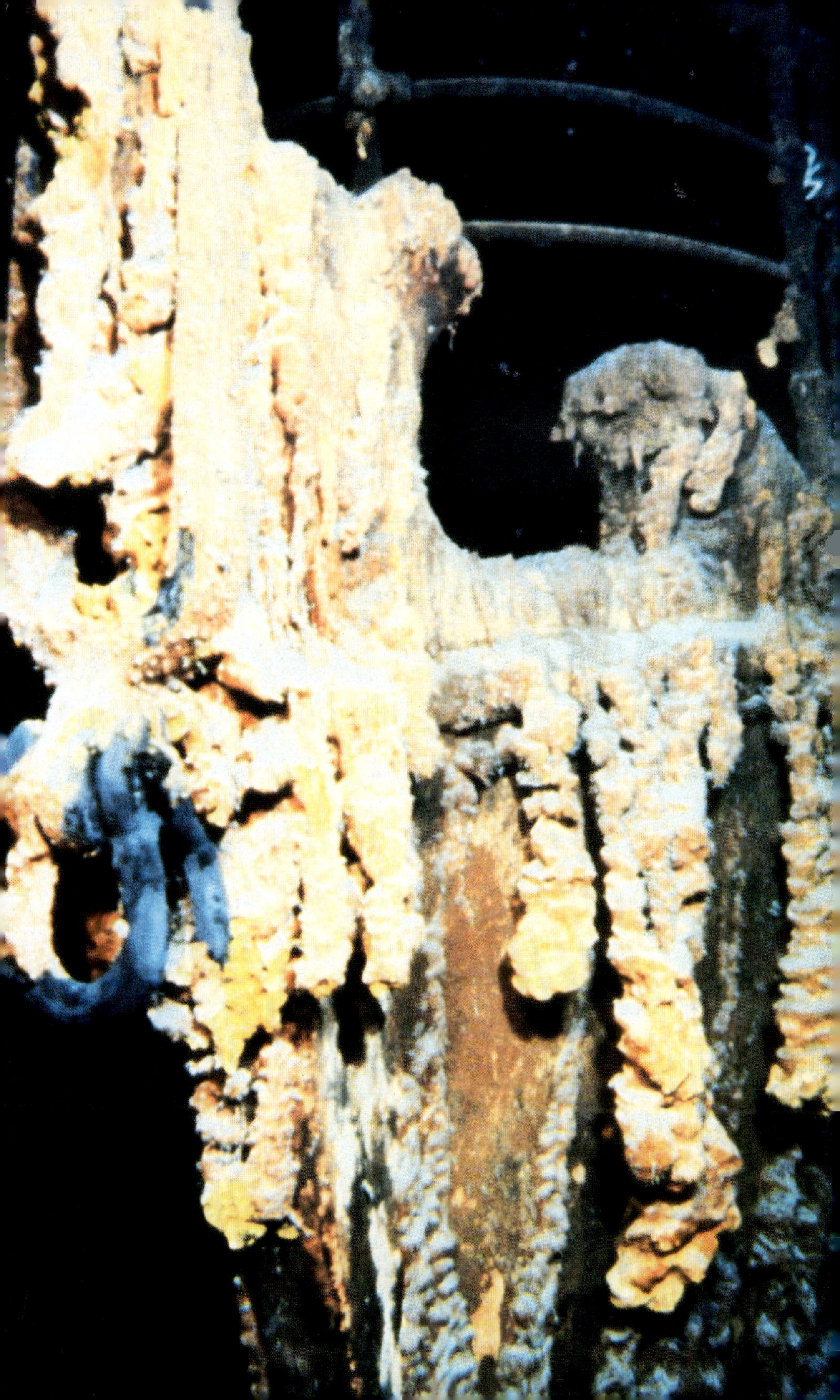

Nos dirigimos hacia la escalera principal. Su inmensa cúpula de vidrio había desaparecido. Éste era el lugar perfecto para que entrara al barco nuestro pequeño robot *Jason Junior*. Así podríamos tomar fotos de cerca.

A la mañana siguiente llegamos con *Alvin* al pie de la escalera principal. Por fin *Jason Junior*, o *JJ*, vería el interior.

La proa del *Titanic* sobre el fondo del océano.

El piloto de *JJ* de a poco hizo salir el robot fuera del pequeño garaje de *Alvin*. *JJ* quedó sobre el hueco de la cubierta donde había estado la escalera. El pequeño robot descendió al interior del barco y lo perdimos de vista. Prestamos atención a la pantalla de video para ver lo que veía *JJ*.

Uno de los salones apareció en la pantalla. —¡Miren el candelabro! —exclamó el piloto de *JJ*. Era una de las lámparas que había iluminado a Ruth Becker mientras subía la escalera principal. La parte metálica de la lámpara todavía brillaba.

Durante los próximos días, exploramos la mayor parte del gran naufragio. *JJ* filmó de cerca el mirador del mástil. Desde allí el vigía había descubierto el témpano segundos antes de que chocara contra el barco. Buscamos cerca de la proa el hueco hecho por el témpano. Pero estaba cubierto de fango.

Me preguntaba qué habría en el fondo del océano entre las dos partes del naufragio. Cuando el *Titanic* se partió en dos, miles de objetos se cayeron. Encontramos muchos de ellos descansando todavía donde habían caído. Era como visitar un enorme museo submarino.

*Alvin* espera mientras *JJ* explora la escalera principal.

La escalera principal en 1912.

Retoños de coral en una de las lámparas cerca de la escalera.

Una bañera cubierta de herrumbre.

El costado de uno de los bancos de la cubierta del barco.

La manija, todavía brillante, de la caja de seguridad del *Titanic*.

Había ollas y sartenes, tazas y platillos, botas, bañeras, maletas, e incluso una caja de seguridad con una brillante manija de bronce.

Antes de abandonar el *Titanic* colocamos dos placas de metal sobre sus cubiertas. La de la popa en recuerdo de todos los pasajeros que perdieron la vida. La de la proa, pidiendo a quienes visiten el *Titanic* que lo dejen en paz.

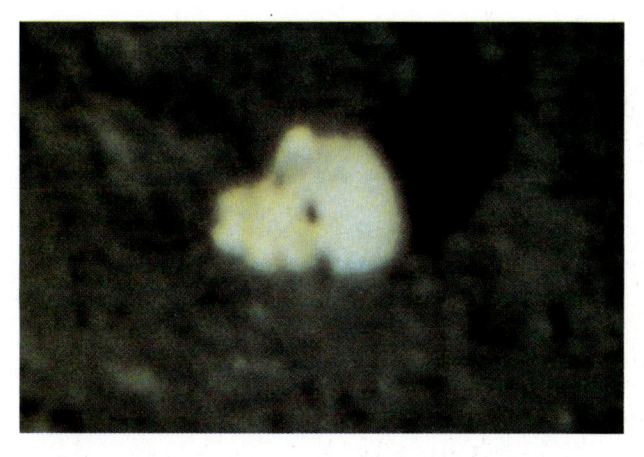

De lo que una vez fuera una costosa muñeca sólo quedó esta cabeza de porcelana.

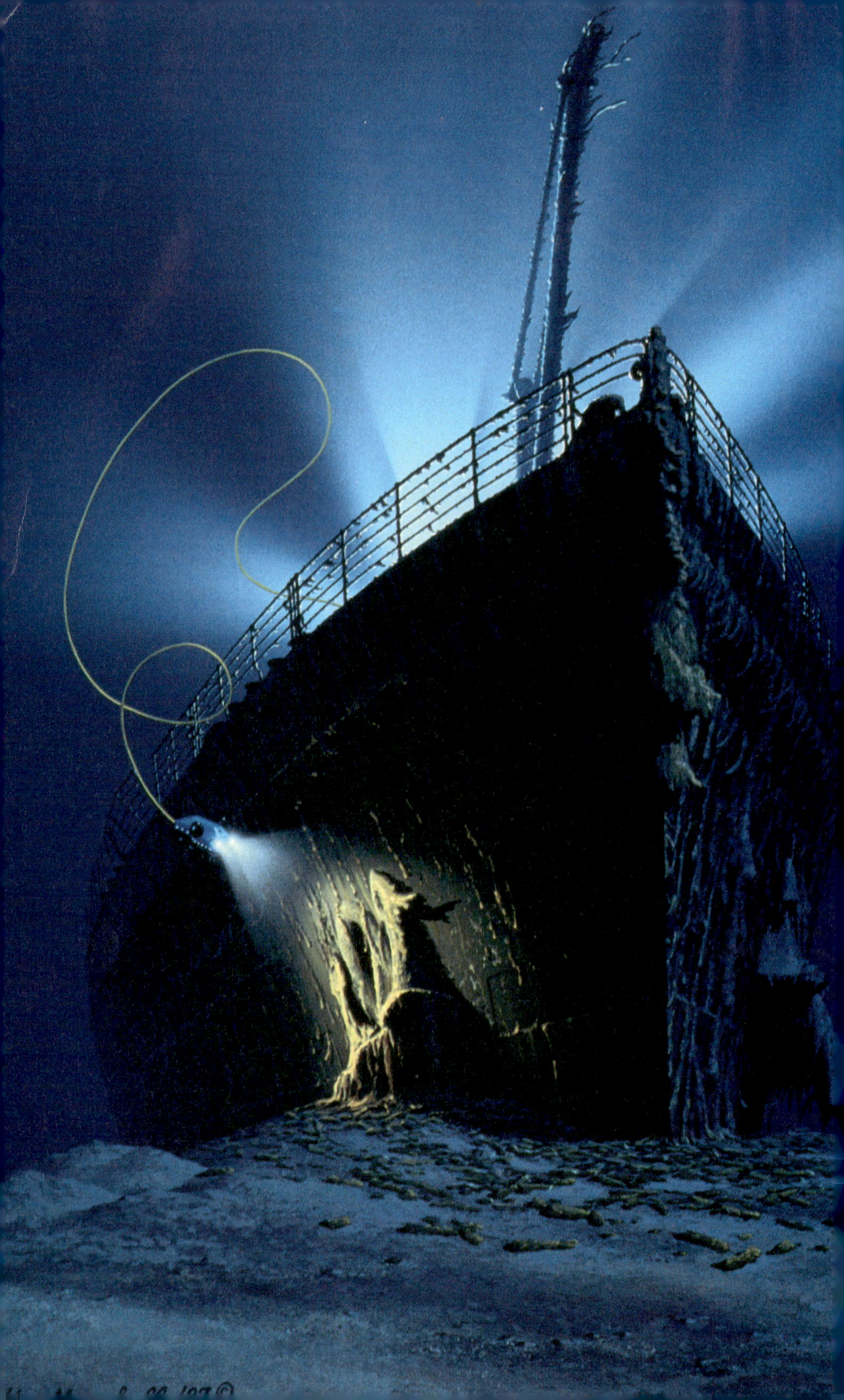

# Epílogo

Me sentí triste cuando terminaron nuestras visitas al Titanic. Pero estaba orgulloso de lo que habíamos hecho. Encontramos el barco. Y le tomamos muchas bellas fotos. Gente de todas partes del mundo podría "visitar" los restos del naufragio a través de las fotos que tomó JJ. Pensarían en las personas que navegaron en el Titanic, los que perdieron la vida y los sobrevivientes.

Ruth Becker y su familia tuvieron suerte. Ruth llegó a ser adulta y trabajó como maestra. Como muchos sobrevivientes del *Titanic*, no quiso hablar del naufragio. Ni siquiera sus hijos sabían que había estado en el barco.

*JJ* filma de cerca una de las anclas del *Titanic*.

Ruth comenzó a hablar de su experiencia sólo hacia el final de su vida. Cuando tenía ochenta y cinco años, vio fotos del naufragio en el fondo del océano. A los noventa años, Ruth hizo su primer viaje por mar desde el naufragio del *Titanic*. Murió poco después, ese mismo año.

Después de nosotros, otro grupo de personas descendió al *Titanic*. Sacaron muchas cosas del naufragio: el teléfono del barco y la campana del mirador del mástil, piezas de la vajilla, un bolso de cuero lleno de joyas y monedas, y cientos de otros objetos.

Me sentí muy triste cuando me enteré de eso. El *Titanic* debería dejarse en paz, como monumento a los que perdieron la vida aquella noche fría y estrellada, hace tanto tiempo.